ab5

So macht Vorlesen richtig Spaß!
Die wichtigsten Tipps von den Vorlesebären

Ruhig und ungestört, so liest es sich am besten vor
Schön auf dem Sofa zusammengekuschelt oder abends im Bett –
dann ist es richtig gemütlich.

Kinder brauchen Rituale
Abends zum Ins-Bett-Gehen: Vorlesen hilft am Ende eines aufregenden Tages
beim Einschlummern. Aber auch tagsüber ist Vorlesen ein schöner Moment,
um zur Ruhe zu kommen.

Für jedes Alter das passende Buch
Je jünger das Kind, desto kürzer die Geschichte! Für die Großen dürfen es
auch schon mal weniger Bilder und spannendere Geschichten sein.

Wünsch dir eine Geschichte!
Kinder sollen mitbestimmen dürfen, was sie hören wollen.
Die Vorlesebären haben dafür eine Extra-Seite, auf der jeder seine
Wunsch-Geschichte selbst auswählen kann.

Ich mach mit!
Vorlesen ist nicht nur Zuhören, sondern auch Hinschauen
und Eintauchen in die Geschichte. Mit den Mitmach-Ideen
in den Vorlesebären macht Vorlesen noch mehr Spaß.

Weitere Vorlesetipps und Informationen gibt es auf
www.esslinger-verlag.de

Du liest vor und ich mach mit!

VORLESEBÄREN

ab 5

Ich komm bald in die Schule

Erzählt von Katrin Pokahr

Mit Bildern von Eva Czerwenka

esslinger

Wünsch dir eine Geschichte!

Das Universum der Großen
Seite 9

Auf in die Schule!
Seite 43

„Ski-Rennen" beim Sommerfest
Seite 30

Ein Schulranzen für Kofi
Seite 15

Wilde Tiere auf dem Schulweg
Seite 70

Das fliegende „R"
Seite 60

Eine Nacht im Kindergarten
Seite 36

Schnitzeljagd in der neuen Schule
Seite 22

Bruchlandung mit Hubschrauber
Seite 65

Auf ins Klassenzimmer!
Seite 48

Wo geht's denn hier zum Klo?
Seite 54

Das Universum der Großen

Auf diesen Tag hat Hugo lange gewartet, und heute ist es endlich so weit! Hugo steht im „Universum", dem Reich der „Großen" im Kindergarten in der Beethovenstraße. Nur die Kinder aus der Mond- und Sonnengruppe, die nächstes Jahr in die Schule kommen, dürfen im Universum spielen. Hier gibt es ganz besondere Spielsachen, und an den Wänden hängen Poster mit Zahlen und Buchstaben darauf. Hugo fühlt sich wie der Kapitän eines großen Raumschiffs, das gerade in die unbekannten Weiten des Weltraums aufbricht.

Er sieht sich im Universum um. Vor dem großen Bücherregal sitzen Mara und Josi und blättern in den vielen spannenden Büchern. Annika, Florian und Tabea haben die Bastelsachen hervorgeholt und sich damit an den runden Tisch gesetzt. Kofi und Tim haben die Kisten mit den Holzbausteinen entdeckt. Damit kann man richtige Städte oder auch Schiffe oder Tiere bauen. Lasse hat den Metallbaukasten geöffnet. Ist das etwa ein Kran, den er da gerade zusammenschraubt?

Schau hin!

Welches Tier aus Holzbausteinen kannst du auf dem Bild erkennen?

Schließlich bleibt Hugos Blick an den großen Kartons hinten in der Ecke hängen. Damit kann man bestimmt tolle Sachen bauen! Ein Raumschiff, das wäre doch was! Hugo wird natürlich der Kapitän und gleichzeitig der Steuermann, denn einer muss ja schließlich bestimmen und steuern! Ein großer länglicher Karton wird das **Cockpit**. Die große lange Pappe benutzt er als Dach. Da schneidet er vorne ein Fenster aus und klebt mit durchsichtiger Folie eine Scheibe hinein.

Weißt du das?

Was ist ein Cockpit?*

* Das Cockpit ist die Steuerzentrale eines Luftfahrzeugs. Dort sitzt der Pilot.

Als er gerade die Tür ins Cockpit schneidet, rutscht die Dachplatte herunter, obwohl er sie mit Klebeband am Laderaum festgemacht hatte. Hinter dem Raumschiff steht Tabea. Sie hat den Laderaum weggezogen. Und die vielen kleinen Kartons, die Hugo als Proviant-kisten einladen wollte, hat sie auch weggenommen!

„He! Lass das!", ruft Hugo wütend. „Das habe ich gebaut!"

„Aber ich brauche den Karton!", ruft Tabea zurück und zieht weiter an der Pappe.

„Ich hatte den zuerst!" Hugo hält den Karton ganz fest.

Tabea zieht an der einen Seite, Hugo an der anderen. Plötzlich reißt der Karton auseinander. Tabea ver-liert das Gleichgewicht und fällt auf das Raum-schiff. Hugo ist stinksauer, denn sein schönes Raumschiff ist nun völlig zerdrückt. Er ballt die Fäuste zusammen.

Doch da ruft Tabea weinend nach der Erzieherin: „Lisa!"

„Was ist denn passiert?", will Lisa wissen.

Die Kinder rufen aufgeregt durcheinander.

Lisa hebt die Hand: „Ruhe bitte! Zuerst du, Tabea, dann Hugo."

Weinend ruft Tabea: „Der hat alle Kartons gehabt und ich keinen! Das ist gemein! Ich wollte auch was bauen!"

„Du hast mein Raumschiff kaputt gemacht! Du bist echt doof!", schimpft Hugo.

„Aber du darfst nicht alle Kartons für dich haben", ruft Tabea wütend.

Hugo betrachtet sein Raumschiff. Der größte Teil ist kaputt, leider auch das Cockpit mit der Scheibe, auf das er besonders stolz war.

„Du blöde Ziege!", ruft er, aber da sagt Lisa mit strenger Stimme: „Aufhören!"

Als es wieder ruhig ist, sieht Lisa Hugo und Tabea ernst an: „Ich möchte, dass ihr eine Lösung findet – ohne euch zu beschimpfen oder anzuschreien."

Keiner der beiden sagt etwas.

„Was könnt ihr jetzt tun?", fragt Lisa.

„Jeder bekommt ein paar Kartons", antwortet Hugo und merkt, dass er gar nicht mehr so wütend ist. Er will lieber weiterbauen und sein Raumschiff reparieren.

„Und was noch, Tabea?", fragt Lisa.

Tabea antwortet nicht, sondern guckt auf den Boden.

Lisa wendet sich an Hugo: „Was meinst du?"

„Wir können das Raumschiff zusammen wieder aufbauen", sagt Hugo. „Aber ich kann das auch alleine machen."

Lisa sagt ernst zu Tabea: „Ich möchte, dass du jetzt aufhörst zu schmollen und Hugo hilfst."

„Aber ich weiß gar nicht, wo die Teile hingehören", murmelt Tabea schließlich.

„Ich zeig's dir", sagt Hugo.

Sie reparieren den zerrissenen Laderaum und legen das Dach obendrauf.

Denk nach!

Was würdest du an Tabeas und Hugos Stelle jetzt tun?

Tabea ist beeindruckt: „Da war ja auch eine richtige Glasscheibe drin!"

Sie zieht die Folie wieder über das Fenster, und Hugo klebt sie fest. Jetzt ist sie noch besser gespannt als vorher. Tabea holt die Proviantkisten und bringt außerdem noch große leere Plastikflaschen aus der Bastelecke mit. „Wir brauchen auch frisches Trinkwasser, oder?", fragt sie.

„Klar! Pack es in den Laderaum!", ruft Hugo.

Gerade als sie das Raumschiff fertig beladen haben, ruft Lisa alle Kinder zum Abschlusskreis an den großen runden Tisch in der Mitte des Universums.

„Ihr seid ja nun die Großen in unserem Kindergarten", sagt sie. „Was glaubt ihr denn, was das bedeutet?"

Josi meldet sich: „Dass man bald in die Schule kommt."

„Stimmt", antwortet Lisa. „Wenn dieses Kindergartenjahr zu Ende ist, kommt ihr in die Schule."

Hugo meldet sich auch: „Dass wir ins Universum dürfen."

Lisa nickt. „Richtig. Was noch?"

„Wer groß ist, ist der Bestimmer", sagt Lasse.

„Was meint ihr anderen dazu?", fragt Lisa.

„Das stimmt nicht", sagt Mara. „Man darf nicht einfach über andere bestimmen, auch nicht, wenn man groß ist."

„Ich find's blöd, wenn einer über mich bestimmt", sagt Hugo.

Erzähl mal!

Was würdest du als Proviant auf eine Reise ins Weltall mitnehmen?

„Gibt es denn auch Dinge, die ihr als Große den Jüngeren zeigen könnt?", fragt Lisa. Die Kinder überlegen. Lisa spricht schließlich Tim an: „Wer hat dir zum Beispiel letztes Jahr beigebracht, wie man eine Schleife bindet?"

„Die Pauline, die jetzt in die Schule gekommen ist", ruft Tim.

Die Erzieherin nickt.

„Die Großen helfen den Kleinen, wenn die sich noch nicht alleine anziehen können", sagt Lasse.

„Oder den Reißverschluss noch nicht zukriegen", sagt Tabea.

„Richtig", lobt Lisa. „Und was können die Großen tun, wenn zwei Kinder sich streiten?"

„Helfen, dass sie sich wieder vertragen?", überlegt Tim.

„Oder eine Erzieherin holen", sagt Hugo.

„Genau", sagt Lisa und lächelt. „Dann könnt ihr jetzt unseren Kaffeeklatsch vorbereiten. Heute gibt es Eis!"

Die Kinder jubeln und Tabea ruft: „Eis für die Großen!"

Da sagt Hugo: „Das ist aber ungerecht! Alle Kinder sollen Eis bekommen!"

„Klar!", sagt Lisa. „Wer zählt, wie viel Eis wir brauchen?"

„Das mache ich!", ruft Hugo. Er saust zu den Gruppenräumen und zählt alle Kinder, die heute da sind. Schließlich soll jeder ein Eis bekommen. Als Großer muss man nämlich aufpassen, dass es gerecht zugeht.

Erzähl mal!

Was gefällt dir daran, zu den Großen zu gehören?

Ein Schulranzen für Kofi

Vor dem Geschäft hängen viele Taschen, sodass man die Eingangstür nicht sehen kann. Vielleicht gibt es gar keine Tür, denkt Kofi, dann müssen wir nicht reingehen. Doch Oma findet die Tür leider doch. Drinnen riecht es wie im Schuhladen, und Kofi muss sofort daran denken, wie es jedes Mal beim Schuhekaufen ist. Er muss ganz viele Schuhe anprobieren, und Mama bringt immer mehr und sagt: „Lass uns nur noch sehen, wie die hier sitzen!"

Opa legt ihm die Hand auf die Schulter und lächelt ihn an: „Jetzt suchen wir einen schönen Schulranzen für dich aus."

Kofi würde eigentlich viel lieber zu Hause mit Opa spielen.

Eine Verkäuferin führt sie in einen Raum voller Schulranzen. In allen Farben reihen sie sich in Regalen aneinander, stehen auf Tischen und hängen in Trauben von der Decke.

Kofi sieht sich entsetzt um. „Muss ich die etwa alle anprobieren?", ruft er.

Die Verkäuferin lacht. „Natürlich nicht", beruhigt sie ihn.

15

Opa holt einen blauen Ranzen aus einem Regal. „Also ich würde mir den hier aussuchen", sagt er fröhlich.

Die Verkäuferin zieht die Schultergurte ganz weit auf. Dann stellt sie sich mit dem Ranzen hinter Opa. „Darf ich Ihnen behilflich sein?"

Opa steckt zuerst den rechten, dann mühsam den linken Arm durch die Schultergurte und versucht, den Ranzen auf den Rücken zu ziehen. Aber Opa ist viel zu groß! Der Ranzen hängt schief, und er kann die Arme kaum noch bewegen.

„Kofi, hilf mir! Ich stecke fest!", ruft er. Kofi muss lachen.

„Ich glaube nicht, dass wir dich so in die Schule schicken können", sagt Oma zu Opa.

Die Verkäuferin wendet sich an Kofi. „Wie wäre es, wenn du dir unsere Ranzen einfach mal anschaust, und ich erkläre inzwischen deinen Großeltern, worauf man achten sollte, wenn man einen Schulranzen kauft."

Damit ist Kofi einverstanden.

Jetzt kommt noch ein Mädchen in den Schulranzenraum. Kofi erkennt Annika aus seiner Kindergartengruppe und ihre Mutter.

„Den will ich haben, Mama!", sagt Annika strahlend und zeigt auf einen roten Ranzen mit grünem Deckel. Eine leuchtende Blumenwiese und viele lustige kleine Bienen mit großen Glupschaugen sind darauf zu sehen.

Annikas Mama nickt. „Der ist wirklich schön."

„Ja, und er ist ganz leicht", erklärt Annika und hebt den Schulranzen mit einem Finger hoch. „Und guck mal, vorn und an den Seiten kann er leuchten!" Annika zeigt auf die Leuchtreflektoren, die über den Ranzen verteilt sind.

Da entdeckt Annika Kofi. „Welchen hast du dir ausgesucht?", will sie von ihm wissen.

Jetzt wäre es Kofi lieber, er hätte sich schon für einen entschieden. „Ich … äh … ich weiß es noch nicht genau", murmelt er verlegen.

„Bestimmt einen mit Raumschiffen", sagt Annika. „Das finden alle Jungs toll."

„Ich nicht", sagt Kofi bestimmt, „aber deinen finde ich schön." Er zeigt auf Annikas Ranzen.

„Eigentlich ist es noch gar nicht meiner", sagt sie, „aber ich war schon ein paar Mal hier und habe mir alle Ranzen angeschaut, und den will ich jetzt haben."

Denk nach!

Welche Funktion haben wohl die leuchtenden Streifen an dem Schulranzen?

Ihre Mutter erzählt, dass Annika seit Wochen fast jeden Nachmittag hierher kommen wollte.

Annika schlüpft währenddessen in die Schultergurte des Schulranzens. Geübt zurrt sie die Gurte fest, damit er auch gut sitzt.

Groß ist der Ranzen, und sofort sieht Annika aus wie ein Schulkind, findet Kofi.

„Guck mal, wie klein dagegen deine Kindergartentasche ist", sagt ihre Mama und hält die Tasche neben den Ranzen.

„Die brauche ich nicht mehr", sagt Annika. „Für die bin ich jetzt echt zu groß!"

Wie er selbst wohl mit einem Schulranzen auf dem Rücken aussieht? Viel interessierter als vorhin schaut sich Kofi jetzt die vielen Schulranzen an. An der Decke hängen noch mehr. Kofi entdeckt einen blau-grünen Ranzen mit lustigen Affen darauf.

„Der da gefällt mir!", ruft Kofi.

Annika läuft zur Verkäuferin, die immer noch mit Kofis Großeltern spricht. „Kannst du uns bitte den Ranzen da runterzaubern?", fragt sie.

Die Verkäuferin lächelt, als sie Annika sieht. „Hallo Annika! Schön, dass du wieder da bist! Und jetzt hilfst du mir auch noch bei der Beratung? Toll!"

„Wieso runterzaubern?", ruft Kofi dazwischen. „Kannst du zaubern?"

„Allerdings!", sagt die Verkäuferin und hebt die rechte Hand. „Abrakadabra! Simsalabim! Dreimal Affen-Ranzen!" Sie schnippt mit den Fingern – und da schwebt eine Traube mit Ranzen an einem Seil von der Decke nach unten.

Kofi staunt. „Wie geht das?", will er wissen.

„Zauberei!", flüstert die Verkäuferin geheimnisvoll und zeigt ihm dann einen Schalter an der Wand neben sich. Sie löst den Affen-Ranzen vom Seil, drückt den Schalter, und die anderen Ranzen werden wieder zur Decke gezogen.

Annika hält den Ranzen für Kofi fest, und Kofi setzt ihn auf. Das fühlt sich ganz anders an als der Kindergartenrucksack. Er schaut in den Spiegel. Da

Erzähl mal!

Wie sieht dein Wunsch-Schulranzen aus?

steht ein großer Junge! Einer, der alleine mit seinen Freunden in die Schule gehen kann!

„Super!", sagt Annika bewundernd.

Über den Ranzen schlängeln sich Lianen, an denen Affen schwingen, die die gleichen lustigen Glupschaugen haben wie die Bienen auf Annikas Ranzen. Die Verkäuferin zeigt ihm, wie man die Schultergurte richtig einstellt, geht um ihn herum und schaut ihn prüfend an. Schließlich nickt sie. „Der passt!"

„Guck doch mal, was alles drin ist", sagt Annika ungeduldig und zerrt den Ranzen wieder von Kofis Rücken.

„Hä? Was soll denn da drin sein?", will Kofi wissen.

Da muss Annika lachen. „Na, ein Mäppchen für Stifte und solche Sachen! Wie willst du sonst schreiben lernen?"

Kofi hat keine Ahnung, was ein Mäppchen überhaupt ist, und kommt sich ein bisschen dumm vor. Annika zeigt ihm, wie der Verschluss am Deckel des Ranzens funktioniert, und öffnet ihn. Sie holt ein Federmäppchen in genau demselben Blau und Grün wie der Schulranzen heraus. Kofi zieht am Reißverschluss, der rund um das Mäppchen verläuft, und klappt es auseinander. **Buntstifte in allen Farben liegen hier ordentlich sortiert und festgeklemmt nebeneinander, außerdem ein Radiergummi, ein Bleistiftanspitzer und ein Lineal.** Kofi lässt seine Finger über die Stifte gleiten. Sie sind ganz neu, alle exakt gleich lang. Noch niemand hat sie benutzt. Der Radiergummi ist blau und rot und noch verpackt. Am liebsten würde Kofi sofort anfangen zu malen!

Schau hin!

Kannst du all diese Dinge auf dem Bild zeigen und benennen?

„Hier ist noch mehr", erklärt Annika und zieht eine Rolle heraus und einen Beutel in Grün und Blau. „Das ist ein Schlampermäppchen für Filzstifte. Und in den Beutel kommen die Turnsachen."

„Schlabbermäppchen?", fragt Kofi, dem das alles zu schnell geht.

Annika verbessert ihn: „Nein! Schlam-per-mäpp-chen!"

Überleg mal!

Was könnte in so einem Geheimfach drin sein?

Kofi sieht sich die Sachen an und legt sie dann zurück in den Affen-Ranzen. Als er den Deckel gerade wieder schließen will, entdeckt er im großen Innenfach einen versteckten kleinen Reißverschluss. „Guck mal", ruft er aufgeregt, „hier ist ein Geheimfach!"

Annika flüstert Kofi zu: „Ich habe auch so eins, aber das weißt nur du, sonst niemand."

Kofi öffnet den Reißverschluss. Er steckt die Hand in das Geheimfach und findet einen kleinen Geldbeutel, den man sich an einer Schnur um den Hals hängen kann. „Den Ranzen will ich haben!", ruft Kofi voller Begeisterung.

Oma und Opa lachen und sehen die Verkäuferin fragend an.

Die sagt zu Kofi: „Das ist ein toller Ranzen – und gepasst hat er auch. Ich fände es aber gut, wenn du noch ein anderes Modell zum Vergleich anprobieren würdest."

Kofi stöhnt. „Ich will aber keinen anderen – der hier ist toll!"

„Ich habe auch ganz viele anprobiert", mischt sich da Annika ein. „Und bei den anderen sind auch so tolle Sachen dabei, echt wahr! Manche haben sogar eine Trinkflasche und eine passende Brotdose!"

Zwei andere Schulranzen probiert Kofi noch auf. Aber keiner gefällt ihm so gut wie der erste. Und weil der auch am besten gepasst hat, entscheidet er sich für den.

Auch Annika bekommt ihren Ranzen. Bevor sie sich verabschieden, fragt Annika: „Wollen wir morgen die Ranzen im Kindergarten zeigen?"

Das ist eine prima Idee, findet Kofi und freut sich jetzt schon auf den nächsten Tag. Dann wird er zum ersten Mal mit dem Schulranzen in den Kindergarten gehen. Und sich dabei fühlen wie einer von den Großen. Toll!

# Schnitzeljagd in der neuen Schule

Alle Kinder, die nach den Sommerferien eingeschult werden, treffen sich heute in der „Roten Schule mit dem blauen Dach". Sie sollen ihre neue Schule und ihre künftigen Klassenkameraden kennenlernen.

Mara findet es doof, dass ihre Kindergartenfreundin Josi in eine andere Gruppe eingeteilt worden ist als sie. Jetzt hat sie eigentlich gar keine Lust mehr auf die Schnitzeljagd durch die Schule.

„Hallo! Ich bin Anna! Und du?"

Vor Mara steht ein Mädchen mit langen blonden Haaren und lacht sie an. Sie hat eine Zahnlücke und auf ihrem T-Shirt ein grinsendes Pferd, das auch eine Zahnlücke hat. Mara mag sie sofort.

„Ich heiße Mara", sagt sie. Und fügt hinzu: „Dein T-Shirt ist lustig!"

Anna freut sich über das Kompliment. „Finde ich auch. Ich hätte gerne ein Pferd!"

„Ich bin schon mal geritten", erzählt Mara und vergisst dabei, dass sie eigentlich sauer war.

Mara kommt in eine Gruppe mit Hugo, der wie sie in den Kindergarten in der Beethovenstraße geht, und mit Anna und Karl vom Kindergarten Holterdiepolter.

Der Startpunkt der Schnitzeljagd ist die große weiße Eingangstür. Vor ihr steht eine Lehrerin und

erklärt: „Eure erste Aufgabe ist es, die Schulbücherei zu finden. Folgt einfach den blauen Pfeilen. Wenn ihr dort seid, erfahrt ihr, wie es weitergeht!" Und damit öffnet sie die Tür und lässt die Kinder hinein.

Mara sieht viele Türen, die alle eine andere Farbe haben. Welches wohl die Tür zu ihrem Klassenzimmer ist?, überlegt sie, doch da stürmt Anna schon los.

„Da ist einer!", ruft sie und deutet auf einen blauen Pfeil aus Papier, der an der Wand klebt. Die drei anderen laufen Anna hinterher. Da klebt schon der nächste Pfeil, der sie den Gang entlangführt und um eine Ecke herum auf eine Treppe zu.

Hugo schaut sich suchend um: „Und jetzt?"

Zwischen bunten Bildern an der Wand entdeckt Mara einen weiteren Pfeil in Form von Treppenstufen.

Mach mit!

Fahre den Treppenpfeil mit dem Finger nach.

„Wir müssen die Treppe rauf!", ruft sie, und schon rennen sie alle nach oben. Dort bleiben sie keuchend stehen und sehen sich um. Nach rechts oder nach links? Sie sehen keine Pfeile, dafür aber eine blaue Tür, die nur angelehnt ist.

Anna steckt den Kopf hinein und macht: „Kuckuck! Ist hier die Bücherei?"
Mara ist beeindruckt. Das hätte sie sich nicht getraut!

Drinnen ist alles voller Bücher. In einem Sessel sitzt eine Frau, die sie freundlich heranwinkt. Als die Kinder vor ihr stehen, beginnt sie zu sprechen:

„Ihr lernt heute die Schule kennen, da ist vor allem eins zu nennen: Hier gibt es Bücher, sehr, sehr viele, und dazu noch viele Spiele. Hier gibt's Geschichten über Abenteuer, Rätsel, Tiere, Ungeheuer. Alle Kinder, die hierher kamen, mussten erst erraten meinen Namen. Er ist nicht Maus, nicht Laus, nicht Baum, nicht Traum. Er klingt wie Leim – ich bin Frau …"

„Reim!!", rufen Anna und Karl wie aus einem Mund.

„Genau! Sehr schlau!", ruft Frau Reim und gibt jedem der Kinder ein Blatt Papier, auf das ein „B" gestempelt ist: „B" wie „Bücherei".

„Nun müsst ihr in den Musikraum eilen", sagt Frau Reim noch, „folgt dafür den weißen Pfeilen."

Mach mit!

Wie könnte die Frau heißen?

24

„Ob die immer so redet?", fragt Mara, als sie wieder im Gang stehen.

Anna hüpft auf und ab und ruft: „Dumm! Bumm! Hecke! Zecke! Wurst! Durst!"

Mara muss über Annas Reime lachen.

Da kündigt lautes Getrampel auf der Treppe schon die nächste Gruppe an. Nun aber nichts wie weiter!

Hugo zeigt nach links: „Da ist ein weißer Pfeil!"

Anna zieht den Pfeil vorsichtig von der Wand und hängt ihn so wieder auf, dass er nicht mehr nach links, sondern nach oben zeigt. „Der Musikraum ist da oben, da könnt ihr mich mal loben!", ruft sie. Die vier rennen den Gang hinunter.

Schnell finden sie den Musikraum im Erdgeschoss.

Auf den Tischen liegen Trommeln. In der Mitte steht eine Lehrerin, die eine große Trommel vor dem Bauch trägt. „Nehmt euch jeder ein Instrument und macht einfach mit!", ruft sie.

Dann beginnt sie, langsam im Kreis zu gehen. Im Rhythmus ihrer Schritte schlägt sie die Trommel. Anna, Mara, Hugo und Karl gehen hinter der Lehrerin her. Sie beginnen ebenfalls ihre Trommeln zu schlagen, und nun marschieren sie alle gemeinsam in einem einzigen dröhnenden Rhythmus. Wie Indianer auf dem Kriegspfad, denkt Karl.

Mach mit!

Fallen dir auch Reimwörter ein?

„Und jetzt werden wir schneller", ruft die Lehrerin. Sie beschleunigt Schritte und Trommelschläge und die vier Kinder merken, dass es immer schwieriger wird, im Takt zu bleiben. Bald rennen sie fast und schlagen die Trommeln ganz schnell. Hugo fürchtet, dass er gleich stolpert, da hält die Musiklehrerin an.

„Gut gemacht!", ruft sie. „Ich freue mich auf den Musikunterricht mit euch!"

Auf das Papier mit dem „B" drückt sie anschließend jedem ein weiteres Stempelbild, eine Trommel. „Ihr müsst insgesamt sechs Stempel sammeln", erklärt sie. „Als Nächstes folgt ihr den roten Pfeilen!"

Anna, Mara, Hugo und Karl laufen den roten Pfeilen nach – und kommen zu den Toiletten. Mara findet, dass sie nicht gut riechen, und Anna hält sich die Nase zu und tut so, als würde sie in Ohnmacht fallen. Jeder bekommt einen roten Herz-Stempel. Danach geht es ins Lehrerzimmer, wo ein Stift auf ihr Blatt gestempelt wird, und von dort führen sie gelbe Pfeile nach draußen in den Schulgarten.

Aufgepasst!

Weißt du noch, welche Stempel die Kinder schon bekommen haben?

„Schau mal!", sagt Mara zu Anna und zeigt auf ein großes Beet voller Sonnenblumen. „Das sind meine Lieblingsblumen!"

„Die mag ich auch", sagt Anna. „Und Rosen!"

„Und was ist das?", fragt Hugo und zeigt auf ein Beet, in dem viele grüne Büschel in langen Reihen aus der Erde gucken.

Da sagt hinter ihnen eine tiefe Stimme: „Was ist das wohl?"

Erschrocken drehen die Kinder sich um. Hinter ihnen steht ein großer Mann mit dunklem Bart. Er fragt: „Wisst ihr nicht, was da wächst? Gut, dass ihr bald in die Schule kommt!"

„Sind das Möhren?", wagt Mara sich hervor.

„Probier's aus", sagt der Mann, und Mara nimmt eines der Grasbüschel, zieht kräftig daran und hat – zack! – eine Möhre in der Hand.

„Jaaaa!", jubeln die vier.

Der Mann grinst. „Zur Belohnung dürft ihr die Möhre jetzt essen!"

Schau hin!

Kannst du die Möhren entdecken?

Essen? Die vier Kinder blicken auf die Möhre voller schwarzer Erde und verziehen das Gesicht. So lecker sieht die ja nicht aus!

Mit Schwung stempelt der Lehrer jedem ein Ahornblatt auf den Zettel. „Dann macht, dass ihr weiterkommt!", brummt er. „Immer den grünen Pfeilen nach."

Schnell flitzen die vier aus dem Schulgarten. Doch wo sind die grünen Pfeile? Überall auf dem Schulhof sind Kinder unterwegs. Neben dem Tor zum Schulgarten reißt ein Junge gerade einen grünen Pfeil vom Zaun ab. „He! Lass den hängen!", ruft Anna.

„Ätsch! Der gehört jetzt mir!", ruft der Junge und will weiter-laufen, als eine tiefe Stimme ertönt: „Stopp! Der Pfeil bleibt hier!"

Die Kinder fahren herum und sehen den Lehrer mit dem dunklen Bart. Er blickt den Jungen streng an: „Das lass mal lieber sein, hörst du?"

Im Weiterlaufen flüstert Mara Anna zu: „Hoffentlich wird das nicht unser Klassenlehrer!" Anna nickt.

Die letzte Station ist die Turnhalle. Hier müssen sie über zwei große Kästen klettern, an Ringen, die von der Decke hängen, hin und her schwingen und über einen Schwebebalken balancieren. Jeder bekommt noch einen Fußball-stempel, und dann stehen sie schon wieder auf dem großen sonnigen Schulhof, auf dem die Schnitzeljagd begonnen hat.

Schon zu Ende?, denkt Mara traurig. Sie wäre gerne noch weiter mit Anna, Hugo und Karl durch die Schule gelaufen.

Die Kinder setzen sich an einen Tisch, auf dem Wasser und Obst bereitste-hen – und Malsachen. Sie trinken und essen, dann kommt eine Lehrerin zu ihnen.

„Wenn ihr euch gestärkt habt, dürft ihr noch ein Bild von unserer Schule malen", sagt sie. „Ihr kennt sie ja nun schon ein bisschen, nicht wahr? Ihr könnt malen, was ihr möchtet, zum Beispiel das Schulgebäude oder einen Raum, der euch besonders gut gefallen hat."

Die Kinder machen sich ans Werk.

Anna und Mara malen beide das rote Schulgebäude mit dem blauen Dach und den Schulhof mit dem Spielplatz. Mara malt außerdem noch zwei Mädchen davor, die sich an den Händen halten und lachen. Eines hat eine Zahnlücke. Anna hat sich sofort erkannt und lacht. Das gefällt ihr!

Schließlich ist der Nachmittag zu Ende. Auf Wiedersehen! Bis zum ersten Schultag!

Schau hin!

Woran kannst du Anna außerdem erkennen?

„Ski-Rennen" beim Sommerfest

Heute findet im Kindergarten Holterdiepolter das große Sommerfest statt! Die Vorschulkinder sind schon den ganzen Vormittag dabei, ein großes Blech Apfelkuchen vorzubereiten. Die Äpfel dafür haben sie selbst auf dem Markt gekauft. Jetzt rühren die einen den Teig, die anderen schälen und schneiden die Äpfel unter dem wachsamen Blick von Herrn Heuger, dem Koch.

„Aua!" Ümits Zeigefinger zuckt schnell zurück, aber es ist zu spät. Ein bisschen Blut tropft aus dem kleinen Schnitt.

„Herr Heuger!", ruft Ümit laut. „Ich hab mich geschnitten!"

Der Koch wickelt ihm ein sauberes Taschentuch um den Finger und sagt: „Feste draufdrücken! Dann hört es gleich auf zu bluten."

Die anderen Kinder lassen die Äpfel liegen, die sie gerade schälen und klein schneiden, und umringen Ümit.

„Lass mal sehen!", ruft Tobi.

„Tut es sehr weh?", fragt Sibel mitfühlend.

Ümits bester Freund Ali läuft aus der Küche in den Waschraum und kommt kurz darauf mit einem Pflaster zurück. „Hier, Ümit!", ruft er und verarztet seinen Freund. Als er damit fertig ist, dürfen alle Kinder noch Teigreste naschen. Jetzt tut der Finger nicht mehr weh.

Am Nachmittag duftet der ganze Kindergarten nach dem frischen Apfelkuchen. Auf der großen Wiese haben die Erzieherinnen und die Kinder Tische und Bänke und das Kuchenbuffet aufgebaut, in den Bäumen hängen bunte Girlanden. Am liebsten würden die Kinder gleich den leckeren Apfelkuchen probieren! Aber erst soll noch das große Ski-Wettrennen stattfinden!

Ümit und Ali stehen schon startbereit an der Linie. Letztes Jahr haben die beiden gegen ihre Väter verloren und waren hinterher ziemlich geknickt. „Als Vorschulkinder dürfen wir das Wettrennen aber nicht wieder verlieren!", hat Ali gesagt. Das fand Ümit auch. Deshalb haben sie das ganze Kindergartenjahr über immer wieder geübt, mit den Holzskiern schneller voranzukommen.

Zähl mal!

Wie viel Affen hängen an der Girlande?

31

Jetzt stehen sie hintereinander an der Startlinie: Ümit, Johanna, Sibel und Ali und ein Stück weiter rechts die Papas.

Die Kindergarten-Leiterin Frau Berger gibt das Startsignal, und bei „Loooos!" stecken die Kinder ihre Füße in die Schlaufen auf den beiden Brettern, zählen bis drei und marschieren im Gleichschritt los, genauso wie sie es geübt haben.

Bald haben die vier die halbe Rennstrecke hinter sich gebracht. Ali wirft einen Blick nach hinten. Die Väter hatten Probleme beim Starten, aber jetzt holen sie auf.

Mach mit!

Hebe den linken Fuß an!

„Schneller!", ruft Ali, und Johanna und Anna kreischen. Als sie das nächste Mal den linken Ski anheben, ruft Ümit das Kommando: „Links, links, wenn der Hauptmann kommt, dann stinkt's!"

Die Väter haben nun auch die halbe Strecke geschafft, doch auf einmal verliert Sibels Papa das Gleichgewicht. Da gerät Alis Papa hinter ihm auch ins Straucheln und schließlich reißen die beiden auch die anderen mit. Nun liegen alle vier Papas lachend im Gras.

Ümit, Ali, Johanna und Sibel aber sind im Ziel und jubeln! Gewonnen!

Nachdem das Kuchenbuffet gestürmt wurde und alle satt sind, stellen sich die Vorschulkinder auf der kleinen Mauer auf, wie auf einer Bühne. Neben ihnen stehen die Väter von Ümit und Tobi. Beide haben eine Gitarre in der Hand. Als niemand mehr mit einer Kaffeetasse klappert, sagt Ümits Papa: „Die Vorschulkinder kommen ja nun bald in die Schule – und sie haben sich ein Lied ausgedacht, mit dem sie sich von euch allen verabschieden möchten. Viel Spaß!" Er zählt bis vier, dann beginnen er und Tobis Papa, die Melodie vom „Pippi Langstrumpf"-Lied anzustimmen.

Ümit ruft: „Das ist ein Lied von Ümit …", und er zeigt auf sich selbst, danach ruft Ali „Ali!" und deutet ebenfalls auf sich. So geht die Reihe weiter, bis alle Vorschulkinder ihre Namen gerufen haben: „Anna!" – „Johanna!" – „Sibel!" – „Tobi!" – „Karl!"

Und dann legen sie los:

Zwei mal drei macht sechs, widdewiddewitt und drei macht neune.
Wir lernen bald wie wild, weil uns das so gut gefällt.

Jetzt geht es in die Schule, trallari, trallahey, tralla hopsasa!
Jetzt geht es in die Schule, trallari tralla hopsasa!

Mach mit!

Tu so, als würdest du mit den beiden Papas Gitarre spielen.

33

Schön war's im Kindergarten, mit spielen, lesen, basteln,
das war eine Welt, widdewidde
wie sie uns gefällt.

Ihr habt ein Haus, ein kunterbuntes Haus, mit vielen Kindern drin, die schauen dort zum Fenster raus.
Ihr habt ein Haus, ein kunterbuntes Haus. Wir mögen euch so sehr und kommen gerne wieder her!

Kochen mit Herrn Heuger, das machte uns viel Freude.
Wir hauten immer rein, widdewiddewitt so soll es sein!

Jetzt geht es in die Schule, trallari, trallahey, tralla hopsasa!
Jetzt geht es in die Schule, trallari tralla hopsasa!

Mach mit!

Sing mit allen
den Refrain laut mit.

Da ruft Ümits Papa: „Und jetzt alle!" Und so singt der ganze Kindergarten den **Refrain**:

Jetzt geht es in die Schule, trallari, trallahey, tralla hopsasa!
Jetzt geht es in die Schule, trallari tralla hopsasa!

Danach klatschen alle wie wild!
„Was für ein tolles Lied!", sagt Frau Berger. „Da habt ihr euch etwas ganz Großartiges ausgedacht! Vielen Dank!"
„Und wir haben uns noch mehr ausgedacht!", ruft Ali und holt etwas hinter der Mauer hervor.
Alle Vorschulkinder springen von der Mauer und helfen Ali, etwas Großes, Schweres zu den Erzieherinnen zu tragen.

„Ein Meisenkasten!", ruft Frau Sanddorn aus der Mäuse-Gruppe. „Das ist aber eine schöne Idee!"

Bunte Abdrücke von Kinderhänden sind auf dem ganzen Meisenkasten verteilt.

„Unter unseren Handabdruck haben wir alle unseren Namen geschrieben", sagt Johanna stolz.

Jedes Kind sucht nun seine Unterschrift. Ümit zeigt allen, wo „Ümit" steht: unten. Da schnellt Alis Zeigefinger vor und zeigt auf die Namen der anderen. „Wir haben alle unterschrieben", sagt Ali. „Damit ihr uns nicht vergesst!"

Und Ümit erklärt Frau Berger dann noch, dass er und Ali ihren Handabdruck in den Farben ihrer neuen Schule gemacht haben: rot für die Wände, blau für das Dach.

Kannst du das?

Kannst du auch schon deinen Namen schreiben?

Eine Nacht im Kindergarten

Hugo zählt die Schlafsäcke. Neun Stück liegen schon in der Ecke neben den
Garderoben. Hugo legt seinen Schlafsack ganz oben auf die anderen drauf.
Dann hängt er seinen Rucksack an die Garderobe. Darin ist alles, was er für
die Übernachtung im Kindergarten braucht. Ganz oft hat er nachgeschaut,
ob auch nichts fehlt: Badehose, Handtuch, Zahnbürste, Schlafanzug
und natürlich sein Kuschelhund Mäxchen.

Jetzt verabschiedet er sich noch schnell von Papa und rennt zu seinem Freund Emilio an den Basteltisch.

„Weißt du, was wir heute machen?", ruft Hugo. „Wir gehen ins Schwimmbad! Und danach übernachten wir im Kindergarten!"

„Aber nur ihr Großen", sagt Emilio ein bisschen enttäuscht. Er ist ein Jahr jünger als Hugo und noch kein Vorschulkind.

„Ja, weil wir bald in die Schule kommen", nickt Hugo. „Du bist nächstes Mal dran."

Im Schwimmbad findet Hugo es ein bisschen ungewohnt, nicht mit Mama und Papa hier zu sein. Aber als alle Kinder sich an die Hand nehmen und gemeinsam mit ihren Erzieherinnen Lisa und Gabi ins Wasser rennen, vergisst er das schnell. Sie machen eine Wasserschlacht, und Hugo spritzt immer in Gabis Richtung, weil sie so schön prustet und am lautesten von allen lacht. Später rutschen sie auf der langen Wasserrutsche. Aber Hugo traut sich nicht.

Erzähl mal!

Hast du dich auch schon einmal nicht getraut, etwas zu tun?

„Ich will nicht mit dem Kopf unter Wasser tauchen, wenn ich unten rauskomme", sagt er leise zu Gabi.

„Sollen wir vielleicht einmal zusammen rutschen?", fragt sie ihn ebenso leise zurück.

Hugo nickt dankbar. Und weil er überhaupt nicht untertaucht, traut er sich dann doch, allein zu rutschen. Und dann noch mal und noch mal.

Am Schluss setzen sich alle Kinder auf die Rutsche und halten sich aneinander fest. Ganz vorne sitzt Florian, denn er ist der Größte. Hinter ihm kommen Annika und dann Hugo und alle anderen. Unten im Becken stehen Lisa und Gabi und zählen laut: **„Eins – zwei – drei!"** Der Zug auf der Rutsche setzt sich in Bewegung und wird immer schneller. Die Kinder kreischen und lachen und werden hin und her geworfen! In einer Kurve wird Hugo von Annika losgerissen, aber im letzten Moment bekommt er ihre Hand zu fassen und kann sich wieder an sie heranziehen. Mit einem Riesenplatsch sausen die Kinder ins Wasser. Gabi und Lisa klatschen Beifall!

Hilf mit!

Rufe auch laut:
„Eins - zwei - drei!"

Als die Kinder am Abend in den Kindergarten in der Beethovenstraße zurück-
kommen, sind die Gruppenräume leer und aufgeräumt.

„Boah! Ist das still hier", sagt Hugo.

„Alle anderen Kinder sind jetzt zu Hause", sagt Lisa. „Heute gehört der Kindergarten nur euch Großen."

Da wird es Hugo ein bisschen feierlich zumute. Er schaut auf die lange Wand,
an der zehn Schultüten von der Decke hängen. Sie sind geschmückt mit Blumen, Raketen und Tieren, auf Hugos Schultüte sind ganz viele Autos. Die Eltern
haben sie selbst gebastelt, und seit Wochen geht er jeden Tag daran vorbei.
Morgen dürfen die Kinder sie mit nach Hause nehmen.

Sie essen unter dem großen Kirschbaum im Garten. Es dämmert bereits. Die
Erzieherinnen haben überall bunte Gläser mit kleinen Kerzen aufgestellt.

Nach dem Essen spielen sie im Dunkeln Verstecken. Hugo darf als Erster
suchen. Eigentlich kennt er im Kindergarten die Rutsche, das Spielhaus, die
Bäume und alles andere ganz genau. Aber jetzt kann er erst im letzten Moment
erkennen, wer eigentlich hinter dem Baum steht oder sich unter der Bank ver-
steckt hat.

„Mara, bist du das?", fragt Hugo vorsichtig, als er es aus den untersten Ästen
der großen Tanne rascheln hört.

Keine Antwort. „Mara?!" Er schleicht zögernd näher. Plötzlich flattert eine
große schwarze Krähe aus der Tanne krächzend in den Nachthimmel. Hugo

springt vor Schreck in die Höhe. Mara kommt lachend die Rutsche hinunter-
gesaust: „Hier bin ich!"

Hugo wird gar nicht müde. Er könnte die ganze Nacht hindurch immer wieder auf das Spielhaus klettern und hinunterrutschen. Kofi auch. Er sprintet
hinter Hugo her und versucht ihn zu fangen, aber Hugo ist schneller. Irgendwann hören sie Gabi rufen: „Kommt jetzt bitte alle in die Schlafsäcke!"

Unter dem Vordach liegen zwölf Luftmatratzen. Einige Kinder haben sich
bereits in ihre Schlafsäcke gekuschelt, die Erzieherinnen sitzen mittendrin. Gemütlich sieht das aus, findet Hugo und sucht sich seinen Platz. Er hat seinen
Schlafsack direkt neben den von Gabi gelegt. „Ich bin noch gar nicht müde",
sagt er zu ihr.

Und Kofi ruft: „Ich auch nicht! Ich will noch toben!"

Gabi schaut die Kinder geheimnisvoll an: „Wisst ihr, genauso geht es dem
kleinen Geist in meiner Geschichte auch. Der will nämlich auch nicht schlafen.
Und Geister haben es da noch viel schwerer als ihr: Die sind immer nur eine
Stunde lang wach, und zwar in der Geisterstunde zwischen Mitternacht und

40

ein Uhr. Könnt ihr euch das vorstellen? Immer nur eine Stunde Zeit zu haben zum Spuken, Toben, Spielen und für alles andere?"

Die Kinder schütteln den Kopf und Gabi fährt fort: "Das ist sehr kurz, findet auch der kleine Geist. Und deshalb beschließt er eines Nachts, am Ende der Geisterstunde nicht wieder schlafen zu gehen." Gabi senkt die Stimme und erzählt, was der kleine Geist alles anstellt, um wach zu bleiben. Aber wen er alles trifft in dieser Nacht, erfahren die Kinder nicht mehr. Denn bald sind Hugo und alle anderen eingeschlafen.

Aufgepasst!

Weißt du noch, wann die Geisterstunde zu Ende ist?

Am nächsten Morgen scheint die Sonne auf den Kindergarten-Spielplatz. Im Kirschbaum zwitschern die Vögel. Hugo schlägt die Augen auf. Irgendwas ist anders als sonst. Klar! Er ist ja im Kindergarten! Schnell setzt er sich auf und schaut sich um. Rechts neben ihm liegt Gabi, auf der anderen Seite Kofi. Er schnarcht ganz leise. Hugo grinst, beugt sich zu ihm hinüber und hält ihm die Nase zu. Kofi fängt an zu husten und schubst Hugos Arm zur Seite. "Lass das!" Am liebsten würde Hugo sofort eine Kissenschlacht anfangen, aber da hört er Gabis Stimme: "Na, Hugo, kannst du nicht mehr schlafen?"

Nach dem Frühstück ist es so weit. Alle versammeln sich im Flur, wo die Schultüten hängen. Lisa steigt auf eine Leiter. Vorsichtig nimmt sie eine Schultüte nach der anderen ab und gibt sie den Kindern. Hugo bekommt

41

seine Schultüte mit den Autos und einem großen Lkw drauf. Gabi legt ihre Hand auf seine Schulter und sagt: „Tschüss, Hugo! Ich wünsche Dir viel Spaß in der Schule!"

Hugo denkt daran, dass er Gabi nun nicht mehr jeden Tag sehen wird. „Kann ich euch mal im Kindergarten besuchen?", fragt er.

„Na klar!", sagt Gabi. „Komm doch einfach mal nachmittags nach der Schule vorbei."

„Nee", sagt Hugo, „ich will den ganzen Tag hier sein, mit Frühstück und Morgenkreis und so."

„Das geht nicht, denn vormittags hast du ja Unterricht", sagt Gabi.

Hugo nickt. Und mit einem Mal fühlt er sich groß, viel größer als ein Kindergartenkind. Er drückt seine Schultüte fest an sich.

„Dann komme ich mal in den Ferien! Davon hat man als Schulkind nämlich ganz viel!", sagt er und schüttelt Gabi zum Abschied die Hand.

Auf in die Schule!

Die Sonne scheint in Maras Zimmer. Ihre Strahlen wandern langsam von der Fensterbank über ihr Puppenhaus zum Schreibtisch. Als sie ihren Schulranzen erreichen, springt Mara aus dem Bett. Heute ist ein besonderer Tag. Er fühlt sich ein bisschen an wie Weihnachten, findet Mara. Es wird Geschenke und Überraschungen geben, und vor lauter Vorfreude muss sie ganz viel hüpfen. Einen Tag wie heute hatte Mara noch nie. Es ist ihr erster Schultag!

Aber da ist auch noch etwas anderes. Mara hat seit ein paar Tagen so ein seltsames Kribbeln im Bauch, irgendwo hinter ihrem Bauchnabel. Zuerst war es nur ein kleines Ameisen-Kribbeln. Aber seit gestern Abend ist daraus ein riesengroßer Ameisenhaufen geworden. **Der drückt und kribbelt so arg, dass Mara gar nicht frühstücken will.**

Papa und Mama finden es nicht schlimm, dass sie nichts essen möchte.

„Das ist die Aufregung", sagen sie. Die Aufregung ist Mara gerade ziemlich egal, aber die Sache mit den Ameisen im Bauch findet sie sehr seltsam. Sie erzählt Mama und Papa lieber nichts davon. Am Ende denken sie noch, dass Mara krank ist! Wie ihre Freundin Josi. Josi hat die Windpocken und muss heute zu Hause bleiben. Als sie das hört, wird Maras Kribbeln im Bauch noch doller.

Überleg mal!

Kannst du dir vorstellen, warum es in Maras Bauch kribbelt?

Mit ihrem roten Schulranzen auf dem Rücken und ihrer Schultüte im Arm geht Mara kurz darauf mit ihren Eltern und Oma und Opa zur Schule. Auf die Schultüte ist Mara sehr stolz. Sie ist rosa und blau und darauf ist eine Ballerina mit einem echten Tüllröckchen. Aber schwer ist sie. Was da bloß alles drin ist? Zum Glück trägt Opa die Schultüte ab der großen Kreuzung.

„Ich brauche meine Kraft ja gleich zum Schreiben", sagt Mara.

Denk nach!

Was könnte Mara heute als erste Hausaufgabe bekommen?

Opa versteht das. „Ob ihr wohl heute auch schon Hausaufgaben bekommt?", fragt er.

„Bestimmt", sagt Mara und nickt. „Wir müssen ja jetzt ziemlich viel lernen."

Bevor die Schule anfängt, findet in der Kirche an der Schule ein Gottesdienst statt. Es werden viele Lieder gesungen, aber der Pfarrerin kann Mara gar nicht richtig zuhören. Sie muss sich andauernd umschauen. Werden die vielen Kinder hier in der Kirche alle eingeschult? Ganz hinten entdeckt sie Hugo und Florian aus ihrem Kindergarten und winkt ihnen zu. Wo ist bloß Annika? Als der Gottesdienst zu Ende ist, strömen alle durch das große Schultor auf den Schulhof und von dort aus in die Turnhalle.

Endlich geht es los! In der Turnhalle sind viele Stühle und Bänke aufgestellt. Vorne stehen ein paar Erwachsene, die Mara nicht kennt. Das sind wohl die Lehrer, denkt sie. Die Eltern sollen hinten auf den Stühlen Platz nehmen, die Kinder vorne auf den Bänken. Das gibt ein ziemliches Durcheinander, als alle Kinder sich gleichzeitig hinsetzen wollen!

Mara hält immer wieder nach den Kindern aus ihrer Kindergartengruppe Ausschau. Die Kinder, die neben ihr sitzen, kennt sie gar nicht. Ihre Eltern kann sie nicht mehr entdecken. Die Ameisen in Maras Bauch werden plötzlich immer mehr. Und jetzt fällt Mara auch ein, dass ihr Bauch ja leer ist. Kein Wunder, dass die Ameisen so aufgeregt herumkrabbeln, denkt sie, die haben nichts zu essen!

Da erklingt auf einmal Musik. Die älteren Schüler singen für ihre neuen Schulkameraden ein Begrüßungslied und tanzen einen Buchstabentanz. Danach begrüßt die Schulleiterin die Erstklässler und ihre Eltern. Sie erklärt, dass jedes Kind einzeln mit Namen aufgerufen wird, um dann in seine Klasse zu gehen.

Ich soll alleine nach da vorne gehen?, denkt Mara. Jetzt haben die Ameisen irgendwo einen riesigen Kartoffelkloß gefunden. Zumindest fühlt es sich so an. Der Kloß ist schwer und Tausende Ameisen krabbeln auf ihm herum.

45

Die Schulleiterin fängt an, die Namen der Kinder vorzulesen, und Maras Herz beginnt wild zu pochen. Jetzt würde sie Mama und Papa doch gerne von den Ameisen erzählen und auch vom Herzklopfen – vielleicht ist sie wirklich krank? Gerade will sie aufstehen, um ihre Eltern zu suchen, da hört sie ihren Namen: „Mara Faller."

Mara springt auf. Sie schultert ihren Ranzen und geht langsam nach vorn.

Die Schulleiterin lächelt sie freundlich an und führt sie zu den anderen Kindern, die in die Leopardenklasse kommen. Eine Frau mit einem Leoparden aus Stoff auf dem Arm gibt Mara die Hand und sagt: „Herzlich willkommen! Ich bin Frau Stolten, deine Lehrerin."

Schau hin!

Kannst du Frau Stolten auf dem Bild entdecken?

Mara lächelt und sieht sich um. Und dann macht ihr Herz plötzlich einen kleinen Sprung: Unter den anderen Kindern aus ihrer Klasse entdeckt sie Anna! Anna kennt sie schon von der Schnitzeljagd durch die Schule. Mit ihr hatte sie viel Spaß! Jetzt hat Anna sie auch gesehen und strahlt sie an. Sie hat noch immer ihre Zahnlücke. Mara stellt sich dicht neben Anna. Als Nächster wird Hugo aufgerufen und kommt zu ihnen gerannt. Er lacht Mara und Anna an, und Mara hat das Gefühl, Hugo ist sehr froh, dass sie schon vorne stehen. Mara entdeckt immer mehr Kinder, die sie kennt, und schaut neugierig auf die, die sie noch nie gesehen hat.

Schließlich stehen alle Erstklässler in Gruppen bei ihren Lehrern. Frau Stolten ruft: „Kommt mit, jetzt gehen wir in unser Klassenzimmer!"

Mara flüstert Anna ins Ohr: „Willst du neben mir sitzen?"

„Ja!", flüstert Anna zurück und klingt ziemlich froh.

Und da bemerkt Mara, dass der Kartoffelkloß nicht mehr in ihrem Bauch festsitzt. Auch ihr Herz schlägt wieder normal. Die Ameisen sind verschwunden. Kein wildes Gekrabbel mehr. Dafür merkt Mara, dass sie Hunger hat – jetzt könnte sie einen riesigen Kloß verdrücken!

Aufgepasst!

Kannst du erklären, was eine Schnitzeljagd ist?*

Auf ins Klassenzimmer!

Schau hin!

Kannst du alle genannten Blumen auf dem Bild entdecken?

Die Einschulungsfeier ist vorbei. Alle Kinder gehen mit ihren neuen Klassenlehrerinnen zu ihren Klassen. Als Anna in das Klassenzimmer kommt, fällt ihr als Erstes die große bunte Blumenwiese auf, die auf eine Wand gemalt ist. Da wachsen gelbe Sonnenblumen, leuchtend rote Mohnblumen, Gänseblümchen und Rosen. Eine lachende Sonne scheint auf die Wiese hinunter und der Himmel strahlt hellblau.

Das gefällt Anna. In ihrem Klassenzimmer ist ja das ganze Jahr über Sommer! Sie zieht Mara zu einem großen Tisch, der ganz nahe an zwei großen Sonnenblumen steht.

Frau Stolten wartet vorne am Lehrerpult geduldig, bis jedes Kind einen Platz gefunden hat. Als alle sitzen, sagt sie: „Ich möchte euch noch einmal ganz in Ruhe begrüßen. Schön, dass ihr alle hier seid! Ich bin Frau Stolten, eure Klassenlehrerin." Sie macht eine Pause und schaut in die Klasse. „Ich bin 49 Jahre alt, und mein erster Schultag ist schon ziemlich lange her. **Aber ich weiß noch genau, wie ich mich damals gefühlt habe.** Nun erzählt ihr mir doch mal: Wie geht es euch an eurem ersten Schultag?"

Einige Kinder murmeln: „Gut." Andere sagen nichts.

Frau Stolten lächelt und blickt die Erstklässler an. „Ich kannte keines der anderen Kinder, und ich fand ihre Schulranzen viel schöner als meinen. Der war nämlich ziemlich alt und verbeult, weil er vor mir schon meiner großen Schwester gehört hat. Aber vor allem erinnere ich mich daran, dass ich unheimlich aufgeregt war."

Frag nach!

Wie haben sich die Erwachsenen, die dir vorlesen, an ihrem ersten Schultag gefühlt?

Anna war auch ganz schön aufgeregt heute Morgen und ist froh, das zu hören. Sogar ihrer Lehrerin ging das so!

Da fragt Mara plötzlich: „Hatten Sie auch Ameisen im Bauch?"

Frau Stolten blickt zu Mara und überlegt. „Ja! So hat sich das wohl angefühlt", sagt sie dann. „Ging es dir denn heute Morgen so?"

„Ja", sagt Mara, „ich konnte gar nichts frühstücken."

„Ich glaube, das kennen andere von euch bestimmt auch, oder?", wendet sich Frau Stolten wieder an die Klasse.

„Mir war richtig schlecht", sagt ein Mädchen hinter Anna und Mara.

„In meinem Bauch fühlte es sich an, als würde ein Auto immer im Kreis herumfahren", ruft ein Junge von ganz hinten.

Immer mehr Kinder erzählen, dass sie sich heute irgendwie anders gefühlt hätten als sonst. Anna sagt leise zu Mara: „Ich hab auch nichts gegessen heute."

„Dann bin ich wohl nicht die Einzige, die an ihrem ersten Schultag aufgeregt war", sagt Frau Stolten.

Jetzt möchte sie alle Kinder kennenlernen. Sie gibt den Stoff-Leopard dem Kind, das ihr am nächsten sitzt, und fragt: „Wie heißt du denn?"

„Johanna", sagt das Mädchen leise.

„Das ist ein schöner Name. Aber sprich bitte ein bisschen lauter", sagt Frau Stolten freundlich, „dann verstehen dich auch die anderen."

„Johanna", sagt Johanna etwas lauter.

Nun soll Johanna einem anderen Kind den Leoparden geben und es dabei nach seinem Namen fragen. Erst bekommt Sibel den Leoparden, dann Karl, danach kommt er zu Hugo und dann zu Anna. Anna gibt ihn einem großen Jungen am Nachbartisch, der Ben heißt. Schließlich kommt das Klassentier zu Mara. Am liebsten würde Mara den Leoparden an Anna weitergeben, aber die hatte ihn ja schon. Also muss sie vor der ganzen Klasse aufstehen und zu jemand anderem gehen. Sie sieht sich um und sucht einen dunkelhaarigen Jungen mit einer Brille aus. „Wie heißt du?", fragt sie ihn.

Erzähl mal!

Warst du auch schon einmal so aufgeregt, dass du dich ganz anders gefühlt hast?

„Ümit", sagt er und nimmt ihr den Leoparden aus der Hand, denn sie hätte fast vergessen, ihn abzugeben.

Mara geht schnell an ihren Platz zurück.

Schließlich sitzt der Leopard wieder bei Frau Stolten auf dem Arm. „Jetzt wollen wir doch mal sehen, wie gut ich mir eure Namen gemerkt habe", sagt sie. „Ich habe hier eure Bilder, die ihr nach der Schnitzeljagd von unserer Schule gemalt habt. Erinnert ihr euch?"

Anna nickt und lächelt, als sie an den lustigen Tag denkt, an dem sie Mara getroffen hat.

„Wir haben die Bilder in Folie eingeschweißt, damit ihr sie in Zukunft in der Frühstückspause auf eure Tische legen könnt." Frau Stolten geht zwischen den Tischen hindurch. Dabei liest sie die Namen vor, die auf den Bildern stehen, und verteilt sie. Die Kinder lachen, als sie Florian und Lasse und ein paar andere verwechselt. Dann verteilt Frau Stolten Schokoladenkekse: „Ich denke, ihr könnt eine kleine Stärkung vertragen, oder?" Jeder bekommt drei Kekse, und Anna isst alle schnell auf. Schokokekse mag sie besonders gern und Hunger hat sie auch.

Schau hin!

Wie viele Kekse hat Mara noch übrig?

„Jetzt haben wir uns schon ein bisschen kennengelernt", sagt Frau Stolten, „nur einen Namen kennen wir noch nicht – welcher könnte das sein?" Keiner sagt etwas und Frau Stolten hebt den Arm, auf dem der Leopard sitzt.

„Der Löwe!", ruft Robert schnell in die Klasse.

„Das ist ein Leopard", verbessert ihn die Lehrerin freundlich. „Er ist unser Klassentier. Er wird jeden Tag mit uns lernen und mit uns gemeinsam die Schule kennenlernen. Und du hast recht, Robert: Wir wissen noch nicht, wie er heißt, denn er hat noch keinen Namen."

Die Kinder der Leopardenklasse sollen selbst entscheiden, wie ihr Klassentier heißen wird. **Jeder darf einen Namen vorschlagen.** Da rufen die Kinder laut alle Namen durcheinander, die ihnen einfallen. Schließlich hält sich die Lehrerin die Ohren zu und macht: „Pssst!"

Mach mit!

Schlage auch einen Namen für das Klassentier vor.

Als die Kinder wieder leise sind, erklärt sie: „Wenn alle durcheinanderbrüllen, versteht man gar nichts. Das haben wir gerade gemerkt. Wenn man also in der Schule etwas sagen möchte, muss man sich melden. Und das geht so!" Sie hält ihren Arm mit dem ausgestreckten Zeigefinger senkrecht nach oben. „So sehe ich, dass ihr etwas sagen möchtet oder eine Antwort wisst. Und wenn ich euch dann aufrufe, seid ihr dran und dürft antworten."

Jetzt strecken sich viele Arme in die Höhe, denn jedes Kind möchte einen Namen vorschlagen: Leo, Mieze, Pardi, Flecki, Ottokar. Die Mehrheit stimmt schließlich für Leo.

„Mit Leo hat auch eure Hausaufgabe für morgen zu tun", sagt Frau Stolten. Sie gibt jedem Kind ein Blatt Papier, auf dem ein Leopard abgebildet ist. Den sollen sie farbig ausmalen.

Und dann ist die erste Schulstunde für Anna und ihre neuen Klassenkameraden auch schon zu Ende. Als die Schulglocke läutet, dürfen sie nach draußen laufen, wo ihre Eltern auf sie warten.

Schnell finden Annas Augen Mama und Papa. Sie lachen und winken. Anna rennt zu ihnen und bevor sie etwas sagen können, sprudelt es schon aus ihr heraus: „Wir haben Schokokekse gegessen! Und es gibt ein Klassentier! Wir haben es Leo genannt. Und wir haben auch schon Hausaufgaben …"

Da zieht jemand an Annas Ärmel. Es ist Mara. Neben ihr steht Annika aus ihrer Klasse. „Wir wollen noch auf den Spielplatz. Kommst du mit?"

Das muss man Anna nicht zweimal fragen. Sie schaut Mama fragend an: „Darf ich?"

„Na klar!", sagt Mama. „Die Hausaufgaben haben auch noch Zeit bis später."

Und schon rennen die Mädchen zu den Klettergerüsten auf dem Schulhof hinüber.

Wo geht's denn hier zum Klo?

Kofi steht in einem langen Flur zwischen den Klassenräumen. Suchend blickt er in die eine, dann in die andere Richtung. Wo sind noch mal die Klos? Aus der Klassenzimmertür rechts raus, dann den langen Gang entlang und an der Wand mit den vielen bunten Bildern in den nächsten Gang, so hat er sich das gemerkt. Aber jetzt fällt Kofi auf, dass an fast allen Wänden in der Schule bunte Bilder hängen. Und überall zweigen Gänge ab. Jetzt ist er im ersten Stock gelandet. Gibt es hier auch Klos?

Kofi ärgert sich. Er war so stolz, dass er heute als Erster im Klassenzimmer war! Und dann wollte er nur noch kurz aufs Klo …

Kofi geht die Treppe wieder hinunter und weiter geradeaus. Noch mehr bunte Bilder an den Wänden. Und Haken, an denen Jacken und Turnbeutel hängen. Es sieht überall gleich aus! Mit einem Mal steht er vor zwei knallroten Türen. Auf die eine ist ein Mädchen mit frechen Zöpfen auf Rollschuhen gemalt, auf die andere ein Junge auf einem Skateboard. Das sind die Türen zu den Waschräumen! Die hat Kofi gesucht.

Kofi beeilt sich. Er muss schnell zurück ins Klassenzimmer mit dem Leoparden-Bild auf der Tür. Aber wie soll er das bloß wiederfinden? Am Waschbecken steht ein großer Junge und wäscht sich die Hände. Der ist bestimmt schon in der vierten Klasse.

„Weißt du, wie ich zu meinem Klassenzimmer komme?", fragt Kofi ihn.

„In welcher Klasse bist du?", will der Junge wissen.

Aufgepasst!

Weißt du noch, wie Kofis Klasse heißt?

„In der Leopardenklasse", sagt Kofi.

„Das ist die Tür mit den Leoparden drauf", sagt der Junge. „Klar weiß ich, wo die ist. Komm mit."

Er führt Kofi den Gang wieder zurück, dann biegen sie um eine Ecke. Sie gehen an einer großen gelben Tür vorbei, durch die man nach draußen auf den Schulhof sehen kann.

„Wenn du hier durchgehst, ist links das Büro vom Hausmeister. Da verkauft er in der Pause immer die Milch. Manchmal verteilt er Schokolade, wenn man ihm mit den Milchkisten hilft – *aber erzähl's nicht weiter!*" Er geht mit Kofi den Flur entlang und deutet dann geradeaus. „Da vorne ist dein Klassenzimmer. Siehst Du? Die rote Tür!"

Kofi ist erleichtert. „Danke! Das war echt nett …"

„Klar doch! Tschüss!", ruft der Junge und rennt schon in die andere Richtung davon.

Was meinst du?

Warum soll Kofi das nicht weitererzählen?

Als Kofi das Klassenzimmer betritt, blickt Frau Stolten ihn fragend an. „Hallo Kofi! Wo warst du denn?"

Kofi ist es peinlich, dass er den Weg nicht wusste und nun zu spät dran ist. „Ich wollte aufs Klo …", sagt er leise.

„Hast du den Weg nicht gefunden?"

Kofi nickt. Robert sitzt ganz vorne und er hat gehört, was Kofi gesagt hat. Laut ruft er in die Klasse: „He! Der findet den Weg zum Klo nicht! Das ist doch babyleicht!" Und dann lacht Robert, aber es ist kein nettes Lachen.

Kofi ballt seine Hände zu Fäusten. Am liebsten würde er Robert umhauen.

Frau Stolten legt eine Hand auf seine Schulter: „Das passiert schon mal, wenn man irgendwo neu ist. Kennt ihr anderen etwa schon alle Wege hier in der Schule? Wisst ihr schon, wie ihr am schnellsten in die Turnhalle kommt oder wo die Schulbücherei ist?"

Viele schütteln den Kopf, nur Robert lacht immer noch und prahlt: „Kenn ich alles schon! Ich weiß sogar, wo der Schuppen mit den Schaufeln und Fußbällen für die Pause ist!"

Schau hin!

Kannst du Robert auf dem Bild entdecken?

Frau Stolten blickt ihn ernst an. „Robert, wenn du etwas sagen möchtest, dann melde dich bitte." Dann fügt sie hinzu: „Ich freue mich, dass einer meiner Schüler sich schon so gut auf dem Schulgelände auskennt. Du warst schon oft hier, Robert, weil deine beiden großen Brüder auch in diese Schule gehen. Aber auch du hast dich schon verlaufen, zum Beispiel beim letzten Schulfest. Weißt du noch, wie du geweint hast, als ich dich zu deiner Mutter zurückgebracht habe?"

Jetzt lacht Robert nicht mehr. Frau Stolten wendet sich nun an die ganze Klasse: „Damit ihr euch besser zurechtfindet, machen wir heute eine Schulbesichtigung."

Die Kinder sollen sich immer zu zweit aufstellen. Kofi kommt neben Annika und ist froh, dass Robert weiter hinten ist.

Als Erstes zeigt Frau Stolten der Leopardenklasse den kürzesten Weg zu den Schulklos. Sie gehen den Weg gemeinsam. An der Delfinklasse biegen sie nach rechts ab. „Da vorne seht ihr schon die nächste rote Tür – die gehört zum Werkraum. Nach dem Werkraum gehen wir noch mal rechts, vorbei an der Treppe in den ersten Stock und immer weiter geradeaus …"

Dann bleiben sie vor zwei weiteren roten Türen stehen.

Ümit meldet sich. **„Warum ist da denn ein Junge auf dem Skateboard drauf? Und ein Mädchen auf Rollschuhen?"**, fragt er.

„Weil's cool aussieht!", ruft Robert.

„Nein!", sagt Frau Stolten und sieht Robert streng an. „Weil die beiden ganz schnell wieder zurück in ihr Klassenzimmer flitzen. Und du, Robert, kannst gerne bei mir an der Hand laufen, wenn du dich nicht meldest. Möchtest du das?"

Nein, das möchte Robert nicht und senkt den Kopf.

Sie gehen den Weg wieder zurück. Als sie an einer großen gelben Tür vorbeikommen, durch die man auf den Schulhof sehen kann, hält Frau Stolten an. „Wer von euch weiß denn, wo man hier hinkommt?" Kofis Zeigefinger schnellt in die Höhe.

Frau Stolten lächelt: „Ja? Kofi!"

„Dahinter ist das Büro vom Hausmeister. Da kann man in der großen Pause Milch kaufen."

„Richtig", sagt Frau Stolten.

Und Annika flüstert Kofi zu: „Du kennst dich aber schon gut aus." Kofi ist stolz und findet, dass sich das gut anfühlt.

Aufgepasst!

Kannst du Ümit erklären, was die beiden Kinderabbildungen auf den Türen bedeuten?

59

Das fliegende „R"

Anna schaut auf das Blatt Papier vor sich. Am liebsten würde sie es in den Mülleimer schmeißen! Aber da schimpft Frau Stolten bestimmt.

„Arbeitsblatt" hat Frau Stolten das Papier genannt. Auf dem Blatt sind viele Linien. Sie sollen die Buchstaben, die immer am Anfang jeder Linie stehen, ganz oft hintereinander abschreiben. Ein „R" wie „Rose". Anna mag Rosen gern. Frau Stolten hat Anna und den anderen Kindern der Leopardenklasse an der Tafel gezeigt, wie dus geht. Zuerst macht man einen langen Strich bis runter auf die Linie, dann bekommt der einen Bauch von oben bis zur Mitte und dann muss man noch einen kurzen schrägen Strich von der Mitte bis auf die Linie ziehen.

Klingt gar nicht so schwer, und Anna beeilt sich, denn sie will in der Pause die Erste auf der Schaukel sein. Doch Annas „R" machen, was sie wollen und nicht was Anna will! Sie sehen überhaupt nicht so aus wie die, die Frau Stolten an die Tafel geschrieben hat. Sie sind schief und die Bäuche sind gar nicht richtig rund. Am schlimmsten findet Anna aber, dass ihre „R" fliegen wollen: Die ersten zwei stehen immer noch ordentlich auf der Linie, aber alle anderen heben einfach ab! Jetzt schweben ihre schiefen „R" zwischen den Linien herum.

Frau Stolten schaut über Annas Schulter auf das Arbeitsblatt. Sie sagt, Anna soll das „R" zu Hause weiter üben. „Dann kannst du es bald richtig gut."

Mach mit!

Hilf Anna und fahre die Rs mit dem Zeigefinger nach.

Zu den anderen Kindern, die mit Anna am Tisch sitzen, sagt sie das nicht. Bei Karl und Mara, die neben Anna sitzen, stehen alle „R" brav auf den Linien. Das hat Anna gesehen. Anna will das „R" nicht üben, sie will es können!

„Na, wie war dein Tag?", fragt Papa, als er sie von der Schule abholt. Anna erzählt ihm, dass sie in der Pause mit anderen Kindern Fangen gespielt hat. Und dass sie in der Nachmittagsgruppe Papierflieger gebastelt haben.

„Und wie läuft es mit dem Schreiben?" Papa weiß, dass Anna ganz schnell schreiben lernen will, damit sie endlich all die Geschichten aufschreiben kann, die sie sich so gerne ausdenkt. Wie eine richtige Schriftstellerin!

Anna denkt an ihre „R" und an die der anderen. „Die anderen können alle schon viel besser schreiben als ich", sagt sie traurig. „Ich krieg das einfach nicht so gut hin."

„Warum denkst du das?", fragt Papa. Also erzählt Anna von den fliegenden „R" und davon, dass Frau Stolten gesagt hat, sie solle das zu Hause noch üben.

Erzähl mal!

Was muss passieren, damit du so richtig sauer wirst?

Papa nickt. „Das schaffst du schon! Du setzt dich zu Hause an deinen Schreibtisch und übst – und morgen werden deine Buchstaben sicher alle brav wie Soldaten in einer Reihe stehen." Dabei stellt er sich ganz steif hin, streckt die Arme nach unten und drückt sie eng an den Körper.

Anna merkt, dass sie sauer wird. Papa will sich wohl über sie lustig machen! „Ich mach das aber nicht!", zischt sie und verschränkt die Arme vor der Brust.

Papa schaut sie aufmunternd an. „Das Schreiben muss man üben und üben – und irgendwann schreibst du Geschichten und Bücher und Briefe und kannst dir gar nicht mehr vorstellen, dass es eine Zeit gab, in der du nicht schreiben konntest."

Am liebsten würde Anna sich die Ohren zuhalten, um Papas Worte nicht mehr hören zu müssen. Papa hat gut reden – er kann ja schreiben! Genau das macht sie jetzt richtig wütend. „Ich übe das aber nicht! Zu Hause werfe ich die Schulsachen in den Müll!", ruft sie. Papa sagt nichts.

Zu Hause angekommen geht Anna in ihr Zimmer. Wehe, wenn jetzt jemand reinkommt, denkt sie, lasst mich bloß alle in Ruhe! Sie malt einen großen schwarzen Totenkopf auf ein Papier. Darunter schreibt sie:

RAUS

Sie konzentriert sich sehr, damit auch jeder das Schild lesen kann. Weder das „R" noch die anderen Buchstaben fliegen herum. Alle stehen kerzengerade nebeneinander. Anna schreibt ganz oft „RAUS" unter den Totenkopf, und als kein Platz mehr ist, klebt sie den Zettel von außen an ihre Zimmertür. Dann setzt sie sich an den Schreibtisch und fängt an, ein Bild zu malen. Auf dem Bild sieht man das Meer, den Strand und viele Leute, die Ball spielen und Eis essen.

Wenig später hört sie Schritte zur Tür kommen und ruft laut: „Komm ja nicht rein!"

„Nein, mach ich nicht!", sagt Papa vor der Tür. „Ich kann doch lesen! Ich bleibe lieber hier draußen und schaue mir die fliegenden Buchstaben an!" Eine kurze Pause, dann hört Anna Papa laut rufen: „Wow! Die fliegen aber tief heute! Da kommt noch einer!" Papa klingt jetzt richtig erschrocken. „Ich glaube, die Buchstaben greifen mich an! Da kommt das fliegende ‚R'! Es fliegt direkt auf mich zu! Ich sehe seine messerscharfen Zähne!! Oh Gott, sieht das gefährlich aus! Gleich verschlingt es mich! Anna! Anna!! Hilfe! Lass mich rein!"

Mach mit!

Hilf Papa und zähle schnell, wie viele fliegende „R" hinter ihm her sind!

Was ist Papa doch für ein Quatschmacher! Anna muss lachen, obwohl sie es gar nicht will, und öffnet die Tür. Draußen ist es friedlich. Papa steht vor ihrer Tür – und lächelt. „Hier fliegen doch gar keine Buchstaben herum", sagt Anna und ist fast ein bisschen enttäuscht. Das wäre eigentlich ziemlich lustig gewesen!

„Stimmt!", sagt Papa. „Ich habe dein Schild gesehen, und deine Buchstaben sehen klasse aus!"

„Ja, aber eben nicht, wenn ich sie in der Schule schreibe", mault Anna.

Papa nimmt sie in den Arm. „Ich finde es viel wichtiger, dass du es kannst! Und wenn das Schreiben zu Hause klappt, klappt es in der Schule bald auch."

Dann gehen sie einkaufen. Anna schaut auf den Einkaufszettel auf dem Küchentisch. „Da fehlt noch etwas", sagt sie. Sie nimmt einen Stift aus der Schublade, schreibt etwas unter die anderen Sachen auf den Einkaufszettel und gibt ihn Papa. Der liest ihn und lacht. Anna grinst: „Üben macht echt Spaß, Papa!"

In ganz großen Buchstaben steht jetzt unübersehbar auf dem Einkaufszettel:

EIS

Schau hin!

Welche Eissorte kauft Anna wohl ein?

Bruchlandung mit Hubschrauber

„Ich bin ein Hubschrauber!", rufen Ben und Ali. Sie lassen ihre Schulranzen fallen, strecken die Arme aus und drehen sich im Kreis. Immer schneller und schneller werden sie und fegen dabei quer über den Schulhof. Ben macht dazu noch laute Hubschraubergeräusche. Beim Starten noch ganz langsam: „Bob-bob-bob-bob-bob." Und dann immer schneller: „B-b-b-b-b-b-b-b-b", bis er beinahe abhebt.

Sibel kommt durchs Schultor und sieht die beiden. Bis gerade war sie noch müde, aber jetzt breiten sich mit einem Mal ihre Arme aus und sie würde am liebsten fliegen! Sie dreht sich und dreht sich, verliert fast das Gleichgewicht, kann sich aber gerade noch abfangen und dreht sich schon wieder weiter.

Ein paar Kinder bleiben stehen und sehen Ben, Ali und Sibel zu. Sie lachen und einige fangen auch an, sich zu drehen. Dann läutet die Schulglocke, schon zum zweiten Mal. Sibel hält außer Atem an. Sie streicht sich die wirren Haare aus dem Gesicht und sieht sich nach Ben und Ali um. Haben sie die Glocke gehört?

„Der Unterricht fängt an!", ruft sie ihnen zu.

Ali fliegt gerade im Sturzflug in die große Sandkiste, Ben wirbelt zu Sibel herüber. „B-b-b-b-b-b!", macht sein Hubschraubermotor – und dann düst er auch schon vorbei.

Sibel geht zur Schultür und dreht sich um. Sie versucht es noch einmal: „Kommt! Wir müssen rein!" Aber die Hubschrauberpiloten haben gerade einen

Mach mit!

Breite deine Arme aus und fliege mit Sibel wie ein Hubschrauber.

65

Luftkampf begonnen. Sie rennen
so schnell sie können aufeinander zu und
stoßen zusammen. Ihre Ranzen nehmen sie dabei als Puffer,
damit die Hubschrauber keine Dellen bekommen.

Als Sibel auf ihrem Platz im Klassenzimmer sitzt und schon längst ihr Federmäppchen ausgepackt hat, stürzen Ben und Ali herein.

Frau Stolten blickt die Jungen verwundert an und fragt sie: „Und wo kommt
ihr jetzt her?"

„Vom Schulhof", antwortet Ben, und Ali fügt hinzu: „Wir waren Hubschrauber! Voll schnell!"

„Aha! Dann fliegt doch das nächste Mal bitte auch voll schnell ins Klassenzimmer", sagt Frau Stolten.

Heute geht es in der Leopardenklasse um den Buchstaben „B".

„Welche Wörter kennt ihr, die mit ‚B' anfangen?", fragt Frau Stolten.

Ümit meldet sich: „Banane." Hugo meldet sich auch: „Bus." Annika fügt hinzu: „Bahnhof." Ben denkt an das Geräusch seines Hubschraubers. „B-b-b-b-b-b."

Währenddessen teilt Frau Stolten Blätter aus: „Jetzt schreibt bitte das große und das kleine ‚B' auf dieses Arbeitsblatt."

„B-b-b-b-b-b." So wie der große weiße Polizei-Hubschrauber, in dem Ben gestern beim Tag der offenen Tür am Flughafen sitzen durfte. Das war cool! Er dreht das Arbeitsblatt um und beginnt, einen Hubschrauber auf die Rückseite zu malen. Der Hubschrauber-Pilot hat ihm sogar gezeigt, wie man den Motor einschaltet, und es dröhnte richtig in Bens Ohren: „B-b-b-b-b-b-b!" Er durfte die Kopfhörer aufsetzen und mit dem Piloten per Funk sprechen. Am liebsten wäre er abgehoben! „B-b-b-b-b!" Hat er das etwa laut gemacht? Ben ist sich nicht sicher.

Mach mit!

Kennst du auch Wörter, die mit „B" anfangen?

„He!", sagt Ali und blickt Ben sauer an. Ben hat tatsächlich die Arme ausgebreitet und Ali aus Versehen angestoßen. Jetzt hat Ali einen dicken Strich durch sein letztes „B" gemalt.

Ben kommt nicht mehr dazu, eine Entschuldigung zu murmeln, denn Frau Stolten winkt ihn nach vorne und sagt: „Ben, ich möchte, dass du das große und das kleine ‚B' an die Tafel schreibst." Sie hält ihm ein Stück Kreide entgegen. Schnell wirft Ben noch einen Blick auf Alis Blatt, um nachzuschauen, wie das „B" aussieht.

Er schreibt viele „Bs" an die Tafel, die meisten sind ziemlich schief.

Frau Stolten sagt: „Danke, Ben. Nach der Pause darfst du uns allen berichten, warum dich Hubschrauber heute so beschäftigen. Dann machen wir nämlich einen Erzählkreis."

Mach mit!

Hilf Ben und fahre mit dem Finger über das B an der Tafel!

68

Ben freut sich: „Klar! Mache ich! Ich durfte nämlich am Wochen-
ende in einem echten Hub..."

Frau Stolten lacht und unterbricht ihn: „Halt! Bis zum Erzählkreis
möchte ich, dass der Hubschrauber am Boden bleibt, und du noch
ein bisschen das ‚B' übst, ja? Dafür musst du dein Arbeitsblatt wieder
umdrehen und aufhören zu malen."

Ben nickt. Er geht an seinen Platz zurück und nimmt sich vor, in Zukunft
für seinen Hubschrauber vor der Schule einen Landeplatz zu suchen.

Wilde Tiere auf dem Schulweg

Heute ist Ben schlecht gelaunt. Missmutig schaut er seine Socken an. „Montag" steht darauf, das kann er schon lesen.

„Mamaaaa", sagt er gar nicht so laut wie sonst. „Ich möchte heute nicht in die Schule."

Mama hat schon die Schuhe an und zieht gerade ihre Jacke über. „Warum denn nicht?", fragt sie, und Ben hört an der Frage, dass sie eigentlich lieber losgehen möchte.

Ben denkt an die vielen Schulstunden, die vor ihm liegen. Und danach kommt auch noch die Nachmittagsbetreuung.

„Es ist so ein langer Tag", sagt er.

„Ich habe auch einen langen Tag im Büro", sagt Mama. „Nun komm doch bitte!" Sie setzt sich zu ihm auf den Boden und legt den Arm um seine Schultern. Aber das will Ben nicht. Er will zu Hause bleiben und spielen – das muss Mama doch verstehen! Aber Mama schaut auf ihre Uhr und dabei wird ihr Blick ziemlich ungeduldig. Also zieht Ben die Montagssocken an und die Schuhe auch.

Auf dem Weg die Treppen runter

hängt sein Schulranzen schwer an seinen Schultern. Es kommt ihm vor, als drückt der Ranzen ihn richtig nach unten. Und die Füße wollen sich gar nicht richtig voreinandersetzen.

Auf der Straße treffen sie Annika. „Hallo Ben!", ruft sie fröhlich im Vorbeigehen. Annika ist in seiner Klasse und immer gut gelaunt. Zu ihr sagt die Lehrerin nie, dass sie die Füße stillhalten soll.

„Hallo", murmelt Ben lahm. Gerade kann er Annika nicht leiden.

An der Ampel steht Kofi. Er kann von allen Kindern in Bens Klasse am besten Fußball spielen. Aber jetzt scheint er wie festgewachsen zu sein. Die Ampel springt auf Grün, aber Kofi bleibt stehen. Ben stellt sich neben ihn. Die Ampel wird wieder rot. Die Jungen schauen sich kurz an, sagen aber nichts.

„Geht ihr beide nicht in die gleiche Klasse?", fragt Mama.

Natürlich, denkt Ben genervt und will gar nicht antworten. Da wird die Ampel wieder grün, und jetzt gehen sie alle gemeinsam über die Straße, Mama, Ben und Kofi.

„Bist du auch noch müde?", fragt Mama Kofi.

Erzähl mal!

Bist du morgens auch oft noch muffelig?

Kofi nickt. „Ja … Ich habe gestern Abend noch ganz lange mit meinem Papa in Afrika telefoniert."

Da horcht Ben auf. „In Afrika?", fragt er.

„Ja", sagt Kofi, „er ist Arzt. Meistens fliegt er mit dem Flugzeug zu seinen Patienten!"

Jetzt wird Ben wach. „Steuert dein Papa das Flugzeug selbst?"

„Nee, das macht ein Pilot", sagt Kofi.

„Hat dein Papa auch schon Elefanten gesehen?", fragt Ben neugierig.

„Klar!", sagt Kofi. „Einmal hat ihm eine ganze **Elefantenherde** den Weg versperrt, und er konnte nicht losfliegen."

Jetzt ist Ben überhaupt nicht mehr müde. „Echt? Ich hab auch schon mal Elefanten gesehen. Im Zoo."

„Mein Papa hat auch schon eine richtige Giftschlange gesehen", berichtet Kofi. „Die lag unter seinem Schreibtisch. Das war eine Schwarze Mamba! Wenn die zubeißt, kann man sterben!"

Bens Augen werden groß und er will unbedingt wissen, wie Kofis Vater die

Schau hin!

Wieviele Elefanten kannst du auf dem Bild sehen?

Schlange losgeworden ist. Aber da sind sie schon am Schultor angekommen, und Mama sagt „Tschüss, Ben!" und umarmt ihn.

Ben hat sie ganz vergessen. „Tschüss!" ruft er und sieht sich nach Kofi um. Der ist schon weitergelaufen. Ben rennt hinter ihm her.

„Hat dein Papa noch mehr wilde Tiere gesehen?", fragt er Kofi, als er ihn erreicht.

„Klar! Einmal hat er zwei Löwen gesehen, die ein Zebra gejagt haben und dann …"

Und dann gehen die beiden durch die große weiße Tür ins Schulgebäude.

Mach mit!

Winke Ben und Kofi hinterher und rufe „Tschüss!".

Katrin Pokahr, 1973 geboren, erzählt gerne Geschichten. Viele Ideen entstehen im täglichen Leben mit ihrer Familie, mit der es nie langweilig wird. Als für ihren ältesten Sohn die Einschulung näher rückte, begann sie, für ihn Geschichten rund um den Schulanfang zu schreiben. Katrin Pokahr war Redakteurin bei einer Tageszeitung und hat Mittlere und Neuere Geschichte studiert. Wenn sie keine Bücher schreibt, arbeitet sie als Journalistin in Köln.

Eva Czerwenka, 1965 in Straubing geboren, wuchs mit drei Geschwistern, einem Langhaardackel, vielen Asterix-Heften, einer Indianerperücke und einem silbernen Colt auf. Ihre Stammesbrüder verstaute sie sorgfältig in Zeichenblöcken. Eva Czerwenka studierte Bildhauerei an der Akademie der bildenden Künste in München und arbeitet seit 1992 als Kinderbuchillustratorin.

Mehr über unsere Bücher, Autoren und Illustratoren auf:
www.esslinger-verlag.de

Katrin Pokahr und Eva Czerwenka
Vorlesebären: Ich komm bald in die Schule
ISBN 978 3 480 23339 7

Reihengestaltung und Einbandtypografie: Sabine Reddig
Illustration der Vorlesebären: Carola Sieverding
Innentypografie und Herstellung: Tanja Haaf
Reproduktion: HKS-Artmedia GmbH, Leinfelden-Echterdingen
Druck und Bindung: Livonia Print, Riga